La cuisine des gourmandes

Karine Bonjour

La cuisine des gourmandes

Librio

À Stéphane Grenier,
qui m'a appris la gourmandise.

À Gilles,
qui m'aime avec gourmandise.

INTRODUCTION

Premier avertissement

Ce livre s'adresse bien aux *gourmandes* (à ne pas confondre avec les gourmettes).
La gourmette est délicate et raffinée.
La gourmande est robuste et goulue.
Quand la gourmette hésite entre une salade de mâche au citron et un thé au ginseng, la gourmande rajoute une cuillère de parmesan sur ses raviolis au saumon. Ce qui ne l'empêche pas (la gourmande) de choisir une jolie nappe à fleurs pour poser son assiette ni d'avoir un avis pertinent sur l'art post-conceptuel, même la bouche pleine...

Deuxième avertissement

Je suis née de ce que l'on pourrait appeler un mariage entre l'Aspartam et les rillettes d'oie.
Or, après réflexion, je préfère les rillettes. Même si je trouve que mon père abuse lorsqu'il les étale sur une tartine beurrée.
Alors, que ce soit clair : ce livre risque de vous tomber directement sur les hanches, si vous l'utilisez sans modération.

Oui ! Les plats proposés sont riches en calories.
Non ! Ils ne font pas grossir, parce qu'une toute petite portion suffit à apaiser la mélancolie.

Troisième avertissement

Dans ce livre, vous rencontrerez toutes mes « alliées » gourmandes. Celles avec qui je passe des heures (surtout au bureau) à raconter une recette ou à l'améliorer, ainsi que de longues soirées à inventer, goûter, critiquer, provoquer des sensations.
Vous trouverez également, en fin d'ouvrage, une recette canular, juste pour le plaisir (retenez bien ce mot).
Alors, foin des recettes anorexiques ! Entrons ensemble dans le monde merveilleux de la gourmandise et de *l'épanouissement...*

1 - Oh Mamy, Mamy blue, oh Mamy Blue...

En se libérant, dans les années 60, de tout un tas de contraintes sociales et familiales, ma mère a mis un point d'honneur à ne pas apprendre à cuisiner comme sa mère. Lasse des omelettes au fromage (le dimanche) et des boîtes de haricots verts (les autres jours), je profitais donc de mes vacances chez Mamy Blue pour apprendre à réaliser des plats toute seule.
Mamy Blue, c'est ma grand-mère de Corrèze. On l'appelle comme ça parce qu'elle ne porte que des blouses et des robes bleues. Elle a appris à cuisiner sous la contrainte de sa belle-mère qui avait envisagé de repeupler la France à elle toute seule. Pour satisfaire l'appétit de ses dix beaux-frères et belles-sœurs, Mamy Blue a donc exploité à fond les traditions culinaires corréziennes qui ont l'avantage d'être aussi peu chères que nourrissantes...

Tourtous

Alors là, c'est le succès assuré !
Pour votre dîner mondain, n'oubliez pas de dire que le tourtou c'est le « pain du pauvre ». Il remplace, en effet, le pain dans les repas traditionnels corréziens pour saucer les plats. Il se mange aussi bien chaud, et garni comme une crêpe (œuf, fromage, saucisse...), que froid, et garni comme un sandwich (crudités, jambon...). Moi, je le préfère chaud avec du beurre salé. Comme une gourmandise...

Pour 7 ou 8 tourtous :

250 g de farine de blé noir
50 g de farine de froment (blanche)
1 sachet de Briochin (une espèce de levure que vous trouverez sans peine au rayon « tout pour la pâtisserie » de votre supermarché)
2 cuillères à soupe de sel
De l'eau (environ 1 l)

Dans un saladier, versez les deux farines, la levure et le sel. Faites tiédir l'eau. Versez-la peu à peu dans le saladier en malaxant avec les mains (non, c'est pas sale...). Quand la pâte est liquide, arrêtez d'arroser. Couvrez avec un torchon et laissez reposer environ 1 heure à température ambiante.
Soulevez ensuite le torchon et découvrez que la pâte a produit une espèce de mousse (non, décidément, c'est pas sale, c'est normal !). Il ne reste plus qu'à faire cuire

les tourtous dans une poêle beurrée assez large (comme des crêpes) et à les empiler sur une assiette, bien au chaud sous un torchon.

Quiche sans pâte

C'est évidemment plus léger qu'une quiche avec pâte et, du coup, on peut en manger plus ! Une vraie recette pour gourmands.

Pour 4 gourmands :

1 verre 1/2 de farine (on compte en verre à moutarde)
2 verres de lait
3 œufs
25 g de beurre
1 tranche de jambon
1/2 barquette de lardons fumés et salés
200 g de gruyère râpé
1 pincée de sel

Dans un grand plat à gratin (plus il est grand, plus la quiche est fine), déposez le beurre et mettez au four (thermostat 8). Pendant que le beurre fond, coupez la tranche de jambon en lanières (un peu plus larges que les lanières d'un fouet mais plus fines que celles d'un sac à main).
Dans un saladier, et dans l'ordre, mélangez la farine, les œufs, le lait, le jambon, les lardons, le gruyère et le sel. Puis sortez le plat du four (sans vous brûler, malheureuse !) et versez-y la préparation. Remettez au four pour environ 30 à 40 minutes (la quiche doit être bien gonflée et dorée).

Millassou de pommes de terre

Attention ! Ici, les proportions sont pour une personne. Mais vous savez multiplier par quatre ou six, non ?

2 ou 3 pommes de terre (des rouges, par exemple, qui se tiennent mieux en lamelles que les autres)
1 œuf
2 cuillères à soupe de crème fraîche épaisse
1/2 oignon
1 gousse d'ail
Persil déshydraté, sel, poivre
Muscade en poudre (facultatif)
Un peu d'huile

D'abord, il faut éplucher les pommes de terre. Ensuite, il faut les râper (comme des carottes). Pour cela, deux solutions :
1 – On vous a déjà offert le robot qui râpe, mixe et hache. Auquel cas, vous n'avez qu'à installer la râpe fine et à appuyer avec vigueur sur les pommes de terre.
2 – Vous ne possédez toujours pas le robot merveilleux et vous allez vous couper les doigts en essayant de faire des lamelles bien fines. À vous de choisir...
Dans un saladier, jetez les lamelles de pommes de terre, l'œuf, la crème fraîche, l'oignon (coupé en lamelles également), l'ail, le persil, le sel, le poivre et la muscade. Mélangez le tout. Dans une poêle (la plus large possible pour que le millassou soit fin), faites chauffer un peu d'huile. Lorsqu'elle est bien chaude, versez le mélange dans la poêle et couvrez avec un couvercle.

Pendant la cuisson, vous avez trois choses essentielles à faire :
1 – Vous servir un petit verre de blanc pour fêter ça.
2 – Vérifier que le feu n'est pas trop fort (car il risquerait de brûler le fond du millassou), ni trop doux (car les pommes de terre ne cuiraient pas). Autrement dit, qu'il est moyen.
3 – Aérer régulièrement le millassou avec une fourchette, c'est-à-dire soulever les bords, comme pour une omelette.
Lorsque le fond est cuit (environ 15 minutes), retournez le millassou. Pas de panique ! Posez le couvercle sur la poêle. Munissez-vous d'un gant de cuisine ou d'un torchon. Placez-vous au-dessus de l'évier et, d'un geste franc et sûr, retournez la poêle. Conséquence : le millassou repose sur le couvercle. Il ne reste plus qu'à le faire glisser dans la poêle et reprendre la cuisson de l'autre face pour une dizaine de minutes.
Présentez dans un plat et découpez en parts, comme une tarte.

Pour les gourmandes graves, le millassou s'accommodera fort bien d'une petite salade (frisée aux lardons ou au chèvre chaud), d'un petit pot de crème fraîche épaisse et d'une bouteille de vin blanc sec (si vous n'avez pas tout bu pendant la cuisson !).

Clafoutis aux pommes

Rien que de prononcer son nom « Cla-fou-tis », on est déjà dans la gourmandise. Les é...**clats** ***de sucre brillent sur la croûte. Les fruits*** **fous** ***remontent à la surface. Bref, la pâ...*****tis*****...serie dans sa plus simple et sa plus tendre expression.***

Pour 4 à 6 nostalgiques :

3 œufs
150 g de farine
3 verres (à moutarde) de lait
150 g de sucre
1 sachet de sucre vanillé (au rayon « la pâtisserie en kit » de votre supermarché préféré)
5 ou 6 pommes

Dans un saladier, mélangez les œufs, la farine, le sucre et le lait.
Épluchez et videz les pommes. Puis coupez-les en lamelles assez épaisses (sinon, tout le jus s'évapore à la cuisson et le clafoutis est sec).
Beurrez un plat à gratin. Disposez les lamelles de pommes au fond du plat. Puis versez la préparation sur les pommes. Pour finir, saupoudrez la surface avec le sucre vanillé.
Mettez au four (thermostat 8), pendant 40 minutes (regardez, le clafoutis va lever et dorer... Mais ne rêvez pas, il va retomber sitôt sorti du four : conséquence d'une loi de la thermodynamique qui nous échappe un peu...).

On peut remplacer les pommes par des poires, des kiwis, des mandarines (dont on enlève la peau de chaque quartier) ou par des cerises dénoyautées. On peut même utiliser une boîte de salade de fruits mélangés (sans le jus, évidemment). La variante top gourmande, c'est d'ajouter aux fruits des pépites de chocolat noir (rayon « la pâtisserie moderne »).

Flognarde aux poires

C'est la cousine corrézienne du clafoutis. Elle est un peu plus épaisse, plus mousseuse et légèrement alcoolisée. Une vraie fille de la campagne !

Pour 4 à 6 ethnologues :

150 g de farine
125 g de sucre
1/2 l de lait
5 œufs
3 poires
50 g de beurre
1 dl de rhum

Dans un saladier, mélangez la farine, 100 g de sucre, les œufs, le lait et le rhum.
Épluchez et videz les poires. Coupez-les en lamelles.
Beurrez un plat à gratin dans lequel vous disposez les poires.
Versez la pâte dans le plat. Éparpillez dessus quelques morceaux de beurre et le sucre qui reste. Faites cuire au four (thermostat 7), pendant 40 minutes environ (la flognarde est prête quand elle est gonflée).

Comme pour le clafoutis, on peut varier les fruits : pommes, kiwis, mandarines pelées. Toutefois, deux remarques :
1 – Les cerises s'accordent mieux au clafoutis (plus sec, plus aéré).
2 – Avec des mandarines, remplacez le rhum par du Grand Marnier.

2 – Ma Paupiette, c'est la reine des... paupiettes !

Paupiette s'appelle, en fait, Sophie.
C'est ma copine de bureau. Avec elle, quand on n'est pas en train de dire du mal des collègues (en bonnes copines de bureau), on est souvent en train de parler « bouffe ». Au travail, Sophie, c'est mon double, ma maman, mon mentor. Alors évidemment elle est aussi importante qu'impressionnante. C'est pourquoi je lui ai très vite cherché un surnom, quelque chose de mignon dont j'aurais l'exclusivité. Je l'ai d'abord baptisée « Sophiette ». Et puis, dans l'emportement d'un grand éclat de rire, c'est devenu « Paupiette ». Elle aime moins. Elle m'a demandé de ne pas l'appeler comme ça devant tout le monde. Alors ça reste entre nous.
Paupiette, c'est la reine des paupiettes, bien sûr, mais aussi des mélanges improbables, des associations saugrenues, des saveurs combinées, des « salé-sucré » et autres métissages culinaires...

Salade de carottes au curry

Cette salade-ci est sans souci et, si vous êtes sans le sou, souriez-lui.

Pour 4 gros mangeurs :

1 kg de carottes
300 g de raisins secs blonds
1 cuillère à soupe de curry en poudre
4 cuillères à soupe d'huile d'olive, sel, poivre
Basilic frais (ou congelé ou déshydraté, etc.)

Épluchez les carottes et coupez-les en tronçons de 1 à 2 cm de long.
Plongez les carottes dans une grande casserole d'eau bouillante, jusqu'à ce qu'elles soient mi-cuites, c'est-à-dire encore croquantes, autrement dit *al dente*.
Dans un saladier, mélangez l'huile, le curry, le sel et le poivre. Égouttez les carottes et jetez-les chaudes dans le saladier. Remuez pour bien les imprégner de sauce. Ajoutez les raisins et le basilic, et laissez refroidir à température ambiante. Cette petite salade parfumée peut se déguster tiède ou froide.

Un conseil de gourmande : laissez la salade reposer 2 heures. Les carottes se gorgeront de sauce et deviendront presque confites, hissant une banale salade au rang de véritable gourmandise. Et même si Paupiette n'est pas d'accord, on peut remplacer le curry par du cumin.

Entrée poivrons-feta

Voilà une petite entrée sans prétention qui (comme votre robe vichy) donne un air de vacances au plus gris des jours de pluie...

Pour 4 personnes :

250 g de feta en cubes ou en tranches (au rayon « Bêêê... » de votre supermarché préféré)
4 poivrons (un de chaque couleur, c'est plus joli)
2 tomates
4 gousses d'ail (ou ail déshydraté)
Huile d'olive
Sel, poivre, basilic et origan en poudre

Faites chauffer le four (thermostat 8), position « gril ». Dès qu'il est chaud, placez sur la grille les poivrons entiers et lavés. Laissez griller 15 minutes. (Avertissement : les poivrons vont noircir, cloquer, peut-être même éclater, mais c'est sans danger pour la cuisine.)
Pendant ce temps, plutôt que de téléphoner à votre mère à qui vous n'avez rien d'urgent à dire, faites bouillir de l'eau dans une casserole et jetez-y les tomates. Au bout d'une minute, elles vont également cloquer et éclater (c'est une recette gore !). C'est le bon moment de les sortir de l'eau et de les peler.
Sortez vos poivrons du four et mettez-les dans un sac

en plastique (du genre pochon de supermarché). Laissez tiédir.
Épluchez l'ail et coupez-le en lamelles. Coupez les tomates en rondelles. Dans une assiette, arrosez la feta d'huile, d'origan, de sel et de poivre.
Sortez les poivrons du sac. La peau se détache presque seule. Il ne reste qu'à les couper en bandes assez larges et à les épépiner. Sur chaque bande de poivron, on dispose une rondelle de tomate, quelques cubes de feta et un peu d'ail. Saupoudrez de basilic et repliez chaque bande sur sa garniture. Disposez dans un plat et arrosez à nouveau d'huile d'olive.

On peut aussi remplacer la feta par de la mozzarella.

Purée au mascarpone

C'est vrai, mettre du mascarpone dans la purée de pommes de terre, ça ne devrait pas être permis ! Vous en avez rêvé ? Paupiette l'a fait !

Pour 4 à 6 rêveurs :

1 kg de pommes de terre (des grosses)
1 pot de 500 g de mascarpone (au rayon « c'est l'heure du laitier » de votre supermarché préféré, ou mieux, chez le fromager)
Sel, poivre, muscade et persil en poudre

Lavez et épluchez les pommes de terre. Jetez-les dans une grosse casserole d'eau bouillante salée et laissez cuire jusqu'à ce qu'elles s'émiettent toutes seules (20 à 30 minutes).

Dans un plat à gratin, disposez les pommes de terre. Recouvrez-les de tout le mascarpone et assaisonnez (sel, poivre, muscade).
Placez une dizaine de minutes au four (thermostat 7), le temps que le mascarpone fonde complètement. Au sortir du four, écrasez les pommes de terre grossièrement (c'est comme dans la mousse au chocolat, les gros morceaux, c'est bon) et saupoudrez de persil.

Crevettes aux mirabelles

Une recette qu'on pourrait sous-titrer « comment épater les copains avec trois fois rien »...

Pour 4 personnes :

16 grosses crevettes (fraîches ou congelées)
500 g de mirabelles (si possible dénoyautées, en pot, au rayon « j'ai toujours rêvé d'être une fermière » de votre supermarché préféré)
1 boîte de 500 g de tomates écrasées
250 g de riz blanc
2 oignons et 1 gousse d'ail (ou 2 bouillons-cubes aromatisés ail-oignon)
3 cuillères à soupe d'huile d'olive
Curry, piment de Cayenne et bouquet garni déshydratés (en poudre)
Sel, poivre

Si vous avez choisi l'option « fait entièrement à la main », épluchez et émincez les oignons et l'ail. Dans une poêle, faites-les dorer dans un peu d'huile. Si vous

avez retenu l'option « feignante », faites fondre les bouillons-cubes.
Dans les deux cas, ajoutez le contenu de la boîte de tomates et les mirabelles (sans le jus, malheureuse !).
Assaisonnez (sel, poivre, 1 cuillère à café de curry, 1 autre de bouquet garni et 1 pincée de piment).
Remuez et laissez cuire 10 minutes.
Pendant ce temps, servez-vous un kir accompagné d'une petite tranche de saucisson aux noisettes, et faites cuire le riz.
Si vous avez pêché vous-même les crevettes, décortiquez-les et faites-les revenir 5 minutes avec un fond d'huile d'olive dans une seconde poêle. Si elles sont congelées (et donc normalement décortiquées), faites-les revenir à la poêle le temps indiqué sur l'emballage.
Puis intégrez-les au mélange.

Un sucré-salé, auquel les gourmandes ne peuvent normalement pas résister.

Magrets de canard aux airelles

Une airelle, c'est une sorte de cassis. Sauf que l'airelle a moins de goût que le cassis, ce qui permet de la cuisiner avec du salé sans choquer les âmes sensibles. C'est Paupiette qui me l'a dit et vous allez maintenant pouvoir en faire la brillante démonstration.

Pour 4 gourmands :

2 magrets de canard
1 pot d'airelles (c'est comme un pot de cornichons qui

se cacherait au rayon « confitures » de votre super-marché. Il en faut environ 300 g)
2 cuillères à soupe d'huile d'olive
Sel, poivre et quatre-épices en poudre

Dans une poêle anti-adhésive chaude, déposez les magrets côté gras. Laissez fondre et griller la peau grasse à feu doux, pendant environ 10 minutes. Retournez les magrets et saisissez-les côté chair. Au bout de 5 minutes, retirez-les du feu et réservez-les (pas sur Minitel, dans une assiette).
Dans la poêle, versez le pot d'airelles (avec le jus) et assaisonnez (sel, poivre, quatre-épices). Faites chauffer 5 minutes à feu moyen. Puis reposez les magrets (côté chair) et laissez cuire environ 10 minutes (incisez les magrets pour vérifier la cuisson, rosés ou à point, selon votre goût). Attention à ce que les airelles n'attachent pas.

Pour une version plus light, *on peut vider le gras, qui a fondu dans la poêle, avant de verser les airelles, mais évidemment, c'est moins gourmand !*

Sauté de dinde au citron

Rien que le nom m'amuse ! À chaque fois que Paupiette me parle de son sauté de dinde, je nous imagine, elle et moi, sautant sur un trampoline comme deux dindes gourmandes... que nous sommes. Selon l'humeur, on peut remplacer la dinde par du rôti de porc, mais c'est moins rebondissant.

Pour 4 personnes :

1 kg de sauté de dinde (en caissettes au rayon « amis des bêtes » de votre supermarché)
2 citrons
3 cuillères à soupe d'huile d'olive
Sel, poivre, estragon

Enlevez les deux pôles de l'un des citrons et coupez-le en rondelles (en gardant l'écorce).
Dans une cocotte sur feu moyen, faites chauffer l'huile.
Puis faites revenir les rondelles de citron avec le sel, le poivre et l'estragon.
Pressez le deuxième citron. Jetez son jus dans la cocotte, ainsi que la viande (grossièrement coupée). Salez, poivrez à nouveau. Mélangez, couvrez et laissez cuire à feu doux environ 10 minutes. Puis arrosez d'un verre d'eau.
Couvrez à nouveau et laissez cuire à feu doux environ 75 minutes, en arrosant régulièrement avec un peu d'eau ou de vin blanc (mais pas trop, car le vin peut tuer le goût du citron, et ça s'appelle un crime).

Avec le rôti de porc, 1 heure de cuisson suffira et la dinde épargnera.
« La dinde au citron, ça change de la dinde aux marrons » (dicton beauceron).

Paupiettes de dinde

Quand on va chez Paupiette, c'est d'abord pour ses paupiettes... Secrets de fabrication de la spécialité du chef:

Pour 4 personnes :

4 escalopes de dinde fines
500 g de lardons fumés
8 pruneaux dénoyautés
1 boîte moyenne de champignons de Paris en lamelles
1 sac de 1 kg de poêlée forestière surgelée (ou 1 kg de rondelles de carottes)
1 gros oignon, huile
2 à 3 verres de vin blanc ordinaire
Sel, poivre
Ficelle de cuisine

Disposez deux pruneaux et quelques lardons sur chaque escalope de dinde. Garnissez modérément, de façon à éviter la fuite de garniture qui agace. Roulez l'escalope et ficelez-la (c'est à cet instant fatidique que la fuite se produit généralement...). Croyez-moi si vous voulez, mais vous venez de confectionner une paupiette ! Vite ! Salez, poivrez.
Dans une grande poêle, sur feu moyen, versez un fond d'huile et jetez l'oignon coupé en lamelles fines (saviez-vous qu'il faut mouiller le couteau pour éviter de pleurer ?). Déposez délicatement vos paupiettes et regardez-les blondir sous vos yeux attendris.
Laissez 3 minutes environ. Réservez-les dans une assiette. Dans le jus de cuisson, jetez 2 à 3 verres (tout dépend de vos besoins quotidiens en alcool) de vin blanc. Plongez les lardons qui restent et les champignons égouttés

dans ce bain de vin blanc. Ils adorent ! Lorsque le bain commence à bouillir et les baigneurs à frémir d'aise, réveillez vos paupiettes de leur sieste et remettez-les dans la poêle. Et, puisque vous y êtes, ajoutez le contenu entier du sac de poêlée forestière ou de carottes.
Tout ce petit monde mijotera encore 45 minutes à feu doux (arrosez régulièrement les paupiettes avec le jus de cuisson), juste le temps nécessaire pour prendre l'apéro en disant du mal des copines (celles qui n'ont pas pu venir, évidemment)...

Servez avec des tagliatelles fraîches à la crème, ou bien avec l'une de mes purées de légumes (au dernier chapitre). Et n'oubliez pas de remercier Paupiette !

Muffins aux carottes

Évidemment, la première fois, ça peut surprendre. Mais quand vous saurez qu'on peut également réaliser de succulents muffins à la courgette, vous n'en croirez plus vos papilles... Allez, soyons fous, lançons-nous !

Pour 10 muffins :

2 carottes
200 g de farine
50 g de sucre de canne
50 g de beurre
1 œuf, 1 verre de lait
1 sachet de levure chimique
Cannelle en poudre
Sel

Pendant que vous préchauffez votre four (thermostat 6), beurrez le fond de 10 petits ramequins. Puis tapissez-les de collerettes en papier plissé (au rayon « décorez votre pâtisserie » de votre supermarché préféré).
Épluchez et râpez les carottes. Faites fondre le beurre dans une casserole. Puis mélangez-le, dans un bol, avec le lait et l'œuf. Dans un saladier, mélangez la farine, la levure, le sel et le sucre. Versez le contenu du bol sur ce mélange en touillant. Incorporez les carottes râpées et la cannelle. Remplissez les ramequins (pas jusqu'en haut, ça va gonfler à la cuisson) et faites chauffer au four pendant environ 15 minutes (arrêtez la cuisson quand les muffins sont gonflés et dorés).
Au sortir du four, laissez refroidir 5 minutes, puis sortez-les des ramequins.

La version carottes ou courgettes se déguste plutôt entre initiés à l'heure du thé. Pour la version petit-déjeuner, supprimez les légumes et la cannelle, et vous retrouvez des muffins classiques qu'on peut tartiner de beurre ou de confiture.

Loukoums lorrains

Ma copine paupiette est lorraine. Elle a grandi (pas beaucoup) à Nancy et y a pratiqué depuis sa plus tendre enfance l'art culinaire. C'est à cette époque que sont nés entre ses petites mains expertes les fameux loukoums lorrains... Une spécialité que toute la Lorraine s'est, depuis, appropriée.

Pour une dizaine d'inconscients :

Des quetsches
Du sucre
Du sucre glace
Une mère
Une télé

Commencez par avoir une mère qui fait des bocaux de quetsches. Profitez d'un hiver interminable et morne pour ouvrir un de ces bocaux, histoire de faire une tarte, par exemple. Conservez religieusement le sirop des fruits. Pesez ce sirop. Ajoutez-y le même poids de sucre. Faites chauffer le tout jusqu'à ébullition.
Oubliez un peu sur le feu, le temps de regarder *Les Feux de l'Amour* à la télé. Au générique de fin, revenez en courant pour arrêter la cuisson. Versez la préparation dans des assiettes en plastique octogonales. Laissez refroidir, le temps de regarder *Côte Ouest*.
Le lendemain, au sortir de la couette, vous découvrirez avec émerveillement dans vos assiettes une pâte de fruits compacte et collante (vous comprendrez en même temps, c'est-à-dire un peu tard, que le sirop du bocal contenait déjà du sucre et que ce n'était pas la peine d'en rajouter tant).
Coupez la pâte de fruits en petits dés collants. Et débarrassez-vous-en les doigts en les saupoudrant de sucre glace.

Vous venez de réaliser vos premiers loukoums lorrains. Servez-les aux gens qui ne peuvent rien vous refuser ou conservez-les dans votre armoire à pharmacie pour une copine en état d'hypoglycémie.

Confiture de rhubarbe à la vanille

Ce sera la seule confiture de ce livre. Celle-ci vaut vraiment la peine de se mettre à faire des confitures, sans prendre un coup de vieux ni un coup de chaud...

1 kg de rhubarbe (fraîche ou congelée)
1 kg de sucre en poudre (ou, si vous voulez faire « genre », sucre spécial confitures)
2 gousses de vanille (en sachet, au rayon « on dirait que je l'ai achetée sur le marché et, en fait, pas du tout » de votre supermarché)
Autant de bocaux qu'il en faut pour contenir 1 kg + 1 kg = ... 1 kg !

Épluchez la rhubarbe (enlevez la peau du dessus) et coupez-la en tronçons de 2 ou 3 cm. Si vous l'achetez congelée, c'est déjà fait.
Dans une cocotte (mais pas sur le feu ! À froid), mélangez la rhubarbe et le sucre. Ensuite, laissez la nature opérer une délicate alchimie entre les deux pendant environ 1 heure.
Mélangez de temps en temps pour que chaque molécule de rhubarbe fasse connaissance avec au moins une molécule de sucre.
Fendez les gousses de vanille en deux (dans le sens de la longueur), puis coupez-les en tronçons d'environ 2 cm. Ajoutez-les.
À feu doux, portez le tout à ébullition, en remuant de temps en temps.
Quand la rhubarbe prend une couleur blonde, la confiture est prête (tant qu'elle est verte, c'est pas prêt).

Versez la confiture encore bouillante dans les bocaux, en prenant soin de bien répartir les morceaux de vanille. Fermez les bocaux et retournez-les d'un geste sûr et énergique. La forte chaleur ainsi expulsée crée un vide qui évite de stériliser les bocaux avant. Laissez les bocaux posés sur leur couvercle toute la nuit.

« Avec un peu de chimie, on trouve un bon mari. » (Dicton lorrain.)

3 – La belle-mère d'Anabelle n'aime pas la cuisine d'Anabelle

Et c'est vraiment dommage, parce que Anabelle, ma plus vieille copine gourmande, fait beaucoup d'efforts pour ne pas trop déplaire à sa belle-mère et, par la même occasion, conserver l'amour de son mari.
Le problème, c'est le décalage entre Anabelle, élevée au lait de vache en Beauce, et sa belle-mère, Indienne, qui vénère les vaches. Un décalage culturel et culinaire qu'Anabelle tente de contourner de deux manières. Primo, elle propose des recettes ni françaises ni indiennes, mais plutôt italiennes (pour ne vexer personne). Deuzio, elle adapte les recettes indiennes à la mode européenne et les recettes européennes à la mode indienne.
Résultat : Anabelle est certainement la fille qui a le plus d'amis éparpillés sur le globe et qui les garde, notamment grâce à ses bons petits plats gourmands.

Salade romaine

C'est le premier plat « européen » que la belle-mère d'Anabelle a apprécié. C'est dire... Depuis, elle s'entraîne tous les jours à faire des vinaigrettes.

Pour 4 à 6 Romains :

1 salade romaine
Huile (évitez l'huile d'olive : Anabelle trouve que ça ne va pas avec la moutarde en grains)
Vinaigre
2 gousses d'ail
2 ou 3 cuillères à soupe de moutarde en grains (à l'ancienne)
2 tranches de saumon fumé
200 g de parmesan (entier)

Lavez et épluchez la salade en essayant de conserver les feuilles entières.
Pelez les gousses d'ail et réduisez-les en miettes (avec un presse-ail).
Découpez les tranches de saumon en lanières (taille S. M.) et râpez le parmesan (en languettes larges et fines).
Dans un bol, mélangez l'huile, le vinaigre, l'ail et la moutarde (vous venez de réaliser une vinaigrette...). N'ajoutez pas de sel, c'est inutile avec le saumon fumé et le parmesan.
Couvrez généreusement votre salade de vinaigrette, de saumon et de parmesan.

Anabelle propose de métisser cette salade romaine. On peut ainsi ajouter des champignons frais coupés en lamelles, des petites tomates cerises et de la coriandre fraîche hachée.

Tarte à la tomate

On aurait tout aussi bien pu l'appeler « Tarte à la moutarde ». Mais ma copine Anabelle pense que ça fait peur (« les gens vont croire que ça pique »). Voici donc la recette de la tarte à la tomate qui ne pique pas et s'accommode fort bien de la salade romaine...

500 g de tomates fermes moyennes
1 pâte brisée toute prête
1 pot de moutarde en grains
Sel

Pour commencer, faites bouillir de l'eau et lavez les tomates. Jetez-les dans l'eau bouillante une quinzaine de secondes (elles vont se fissurer, voire éclater, et ça vous rappellera certainement quelqu'un ou quelque chose). Sortez-les de l'eau et, avec une fourchette, pelez-les. Coupez-les en tranches fines. Placez-les dans une passoire, salez-les et mettez à dégorger au réfrigérateur (posez la passoire au-dessus d'une assiette creuse, ça évitera l'inondation).
Déroulez la pâte brisée sur un plat à tarte. Tapissez généreusement le fond de tarte avec la moutarde. Quelques heures et quelques apéros plus tard, disposez

les tranches de tomates sur la moutarde. Mettez au four préchauffé (thermostat 8), pendant 40 minutes.

Je répète donc que ça ne pique pas. C'est plutôt sucré, un peu caramélisé. Avec une salade et un rosé frais, c'est l'été toute l'année !

Saumon tandoori

Voici l'Inde en Norvège ! Anabelle s'empare carrément de la cuisine indienne pour la détourner. Mais c'est pour la bonne cause : celle des gourmandes, évidemment !

Selon la pièce de saumon, pour 4 à 6 personnes :

1 belle pièce de saumon frais
5 citrons verts
1 ou 2 yaourt(s) nature entier(s)
1 oignon rouge
1 boîte de poudre tandoori (rayon « voyagez par la bouche » de votre supermarché)
2 cuillères à soupe d'huile
500 g de riz basmati
1 ou 2 branches de coriandre fraîche (pour la déco)
Sel, poivre

Préparez d'abord la marinade qui, dans l'idéal, doit reposer toute une nuit. Mélangez dans un saladier (ou un tupperware profond et étroit), le jus des citrons, le yaourt, la poudre tandoori, le sel, le poivre et les oignons (épluchés et coupés en lamelles). Plongez-y le saumon.

Le lendemain, donc, vous êtes toute contente : vos invités vont arriver ! Sortez le saumon de la marinade et mettez-le à cuire au four préchauffé (thermostat 7), pendant 20 à 30 minutes (en fonction de la taille de la pièce de saumon). Le temps de faire cuire le riz basmati. Juste avant de servir, mettez le four en position « gril » et laissez griller quelques minutes, pour que le dessus du saumon soit bien croustillant. Décorez avec la coriandre fraîche émiettée.

Ce qui marche avec le saumon fonctionne aussi très bien avec le poulet et l'agneau. Ne découpez pas la viande en petits morceaux. Laissez-la en grosse pièce. Elle sera plus moelleuse.

Tagliatelles au bacon et au pesto

En grande voyageuse, Anabelle aime les chocs de cultures. Elle propose ici un mariage au sommet de la gourmandise, entre une belle Italienne (la sauce pesto) et un ténébreux Anglo-Saxon (le bacon).

Avec 4 personnes pour témoins :

400 g de bacon découenné non fumé
1 pot de sauce « pesto » (la superbe Italienne du rayon « sauces »)
500 g de tagliatelles fraîches aux œufs
1, 5 l de crème fraîche épaisse
25 g de parmesan râpé
2 gousses d'ail
Huile d'olive, sel, poivre, basilic

Commencez par éplucher et couper les gousses d'ail en tout petits morceaux. Dans une poêle, versez un peu d'huile d'olive dans laquelle vous jetterez l'ail et le bacon. Laissez-les faire connaissance pendant 5 minutes à feu moyen, en les remuant de temps en temps pour qu'ils n'attachent pas.
Faites cuire les pâtes, égouttez-les. Puis faites-les chauffer tout doucement dans une casserole, mélangées à la préparation au bacon, la crème fraîche, le pesto, le parmesan, le sel (pas trop, à cause du bacon), le poivre et le basilic.
Le temps de donner naissance à une saveur nouvelle (environ 2 minutes) et vous serez la plus heureuse des gourmandes...

Petits pois

Soyons dingue ! Faisons nos petits pois nous-mêmes... Le problème, c'est que même nos enfants en ont assez des boîtes de petits pois qu'on leur sert dès qu'on pense ne pas avoir le temps de faire mieux. Alors, avec Anabelle, qui, elle aussi, a des enfants râleurs, nous allons vous faire la démonstration qu'on peut faire d'excellents petits pois en deux coups de cuillère à pot...

1 sac de petits pois congelés
1 oignon (ou 2 bouillons-cubes aromatisés à l'oignon)
1 barquette de lardons fumés, salés et sans couenne
1 boîte de 250 g de tomates concassées
Huile de tournesol

Épluchez et coupez l'oignon en lamelles fines. Faites-le revenir à la poêle dans un tout petit peu d'huile. Ajoutez-y les lardons et les tomates. Au bout de 5 minutes, jetez les petits pois dans la poêle. Arrêtez la cuisson lorsque les petits pois sont cuits mais encore croquants.

C'est quasiment un dessert...

Dhal

Décidément, grâce à ma copine Anabelle, on se cultive ! Cette fois, elle nous emmène en Inde, avec un plat traditionnel dont vous me direz des nouvelles. Pour ce plat, vous pouvez choisir entre deux modes de vie (et donc de préparation) : acheter des ingrédients frais sur le marché ou chez l'épicier arabe, ou bien manœuvrer votre caddie dans les allées d'un supermarché, comme nous savons toutes si bien le faire...

Pour un voyageur solitaire :

2 verres (à moutarde) de lentilles jaunes ou orange (ou bien une petite boîte de lentilles préparées)
1 oignon moyen rouge
1 pincée de piment de Cayenne
1 pincée de curcuma (facultatif),
2 cuillères à café de cumin
2 cuillères à café de coriandre
2 petites branches de coriandre fraîche
Huile, sel, poivre
100 g de riz basmati

Avec des lentilles fraîches :
Rincez-les et mettez-les à tremper 20 minutes dans

l'équivalent de 4 verres d'eau. Ensuite, faites-les cuire dans la même eau à feu moyen jusqu'à ébullition. Épluchez et découpez l'oignon en lamelles. Faites-le revenir dans l'huile, avec toutes les épices. Quand l'oignon est doré et que les lentilles sont à ébullition, versez la sauce oignon/épices dans la casserole de lentilles. Laissez le tout pendant 20 minutes, à petite ébullition (celle qui fait faire « plop, plop » à la sauce). À la fin, la consistance est celle d'une soupe épaisse, que vous pouvez décorer avec la coriandre fraîche émiettée. Accompagnez d'un riz basmati.

Avec des lentilles en boîte :
Vous avez trouvé le moyen d'échapper au rinçage, au trempage et à la cuisson des lentilles. Versez la boîte de lentilles dans une casserole et reprenez la recette précédente à la cuisson de l'oignon et des épices.

Anabelle, en bonne Française du nord de la Loire, ajoute parfois un morceau de beurre dans les lentilles pour adoucir ce plat fortement épicé (je ne vous avais pas prévenue ?).

4 – Les amis de Pauline sont mes amis

Et pour cause ! Ils ont facilement dix ans de moins que moi, n'hésitent pas à inviter douze personnes à dîner dans leurs 15 m^2 et concoctent des recettes gourmandes et pas chères sur leurs deux plaques de cuisson posées sur le micro-ondes.
Ils sont la preuve vivante qu'on peut avoir grandi à coups de hamburgers et conserver, malgré cela, quelques papilles gustatives en état de marche...
Voici, testées et approuvées, les recettes de Pauline, Caro, Françoise, Auriane et Romain (oui, je sais, c'est un garçon, mais c'est surtout un gourmand, alors on l'accepte dans le club...).

Carpaccio de courgettes

Voici la version « été » de « Caro aime les courgettes ». Une recette spéciale maillot de bain. Goûteuse, mais pas coûteuse !

Pour une personne :

2 belles courgettes
Des pignons de pin (au rayon « fruits secs » de votre supermarché)
100 g de parmesan entier (pas râpé, quoi)
Le jus d'1 citron
Huile d'olive, sel, poivre, ciboulette en poudre

Râpez les courgettes en très fines rondelles (vous n'avez toujours pas le super-robot qui fait tout ? Eh bien, coupez-vous les doigts !). Tapissez de lamelles de courgettes toute la surface d'un plat assez large (il faut éviter de les superposer). Ou bien tapissez l'assiette de chaque invité (mais ça prend de la place dans le frigo). Dans une poêle huilée, faites revenir les pignons de pain, jusqu'à ce qu'ils soient dorés. Puis disposez-les sur les courgettes. Râpez le parmesan en copeaux et éparpillez-le sur les courgettes. Arrosez le tout de jus de citron. Saupoudrez de sel, de poivre et de ciboulette. Arrosez généreusement d'huile d'olive et mettez au réfrigérateur pour, au minimum, 1/2 heure.

Un plat, c'est comme un amoureux : c'est lorsqu'on en connaît tous les secrets de fabrication qu'on commence à le trouver lourd. Alors ne dites pas à vos copines au régime ce qu'il y a dedans. Elles resteront persuadées qu'il est très léger.

Feuilleté au lard et aux pruneaux

C'est l'apéro dont on se remet difficilement, parce qu'il est irrésistiblement sucré et fondant. Autant dire qu'on peut se passer d'entrée après ça. Encore que Pauline, elle, ne se prive jamais d'une entrée. Mais ça, c'est son côté «faut pas manquer»...

Pour 4 goinfres :

1 pâte feuilletée ou brisée (en rouleau, au rayon «ma mère ne m'a rien appris en cuisine» de votre supermarché)
1 barquette de lardons fumés, salés et sans couenne
1/2 sachet de pruneaux dénoyautés
1 jaune d'œuf

Déroulez la pâte. Disposez dessus les lardons et les pruneaux (grossièrement écrasés à la fourchette). Roulez le tout comme un roulé à la fraise de vos «quatre-heures» d'antan (attention ! n'embarquez pas, dans votre geste aussi gracieux que sportif, le papier sulfurisé sur lequel reposait la pâte !). Repliez les extrémités du roulé et badigeonnez-le de jaune d'œuf (avec un essuie-tout, par exemple).
Découpez le papier sulfurisé à peu près à la forme du plat dans lequel vous allez faire cuire votre feuilleté, au four préchauffé (thermostat 7), pendant environ 40 minutes.

Découpez ensuite le feuilleté en tronçons comme une bûche de Noël, si c'est pour l'apéro. Ou bien en plus grosses parts, pour en faire une entrée (accompagné de crudités).

La variante chausson : au lieu de rouler, disposez les lardons et les pruneaux dans la bande centrale de la pâte et rabattez par-dessus les morceaux de pâte restants. Dans ce cas, ne faites pas de tronçons, mais plutôt des grosses parts. Vous pouvez même en faire des petits chaussons individuels.

Feuilleté à la poire et au chèvre

C'est aussi simple que le feuilleté au lard et aux pruneaux, et ça a le bon goût de se marier parfaitement avec !

Pour 4 feuilletés individuels :

1 pâte feuilletée toute prête (présentée en carré, au rayon « êtes-vous sûre d'avoir un rouleau à pâtisserie à la maison ? » de votre supermarché préféré)
1 grosse boîte de poires au sirop
1 fromage de chèvre en bûche
Coriandre en poudre
Beurre

Égouttez les poires de leur jus. Découpez-les en lamelles et faites-les revenir dans du beurre à la poêle. Étalez la pâte feuilletée en conservant la forme carrée. Découpez-la en 4 petits carrés. Sur chaque carré, déposez 2 ou 3 rondelles de chèvre et quelques lamelles de poires. Ajoutez un peu de coriandre. Refermez les carrés de pâte, soit en les pliant en deux (version « chausson »), soit en ramenant les quatre extrémités vers l'intérieur (version « ballotin »). Laissez votre créativité s'exprimer et déposez, sur chaque feuilleté, une noisette de beurre. Sur une plaque du four, posez une feuille d'aluminium, beurrez-la et posez les feuilletés dessus. Faites cuire au four préchauffé (thermostat 7), pendant environ 20 minutes.

Je suggère également une variante poire et roquefort, pour les vrais durs, ceux qui aiment les goûts encore plus forts. Moi, par exemple.

Pain de lotte

Cette recette, c'est l'entrée magique qu'on peut réaliser à l'avance et conserver au frais. Elle impressionne toujours, alors qu'elle est très simple. Seul inconvénient : la lotte coûte cher.

1 kg de lotte (fraîche ou congelée)
6 œufs
1 boîte de concentré de tomates
Le jus d'1 citron
Sel, poivre
2 cuillères à café de muscade en poudre

Jetez la lotte dans une casserole d'eau bouillante et laissez-la pocher au court-bouillon 20 minutes (un peu plus, si elle est congelée).

Dans un saladier, battez les œufs en omelette avec le concentré de tomates, le sel, le poivre et la muscade. Puis, avec un essuie-tout, huilez un moule à cake. Sortez la lotte de l'eau, émiettez-la et déposez-la dans le moule. Versez l'omelette par-dessus. Faites cuire au four préchauffé (thermostat 6), pendant 20 minutes. Laissez tiédir, puis versez le jus du citron dessus et mettez au frais.

Servez avec une mayonnaise, des cornichons et une petite salade à l'échalote, et coupez en tranches pas trop fines (sinon elles s'écroulent).

Tourte au saumon

Pauline, le jour où je l'ai connue, m'a raconté qu'elle avait pris dix kilos en un an, à force de manger n'importe quoi, n'importe comment. Jusque-là, rien de plus normal. Ce qui l'est moins, c'est que Pauline, elle est maigre... Un vrai fil de fer ! Alors, les dix kilos, ne me demandez pas où elle les a mis. Et contentez-vous de suivre son régime avec, pour commencer, la tourte au saumon...

Pour 4 à 6 personnes :

2 paquets de pâte feuilletée en rouleau
200 g de saumon en conserve
6 cuillères à soupe de crème fraîche épaisse
4 œufs
4 biscottes écrasées
Sel, poivre,
Persil en poudre

Étalez une des deux pâtes feuilletées sur un moule à tarte. Dans un saladier, cassez les œufs et gardez un des jaunes à part (pour la fin). Battez le reste des œufs en omelette. Mélangez le saumon, l'omelette, les biscottes écrasées, le sel, le poivre et le persil. Versez la préparation sur le fond de pâte. Recouvrez avec la deuxième pâte feuilletée et roulez les bords des deux pâtes ensemble. Mouillez un peu avec de l'eau pour qu'elles collent bien l'une à l'autre.
Avec un essuie-tout, badigeonnez le couvercle de la tourte de jaune d'œuf (celui que vous aviez réservé au début). Avec un couteau, pratiquez quelques incisions (1 à 2 cm) sur tout le couvercle et creusez un puits (2 ou 3 cm de diamètre) en son centre.
Faites cuire 30 minutes à four chaud (thermostat 8).

Au moment de servir, c'est tout juste si elle ne fait pas « tchou-tchou », la tourte, avec sa petite cheminée au milieu. Mettez de la crème fraîche sur la table pour éteindre l'incendie...

Poulet aux courgettes

Caro est une sale copieuse. Comme moi, elle adore les courgettes. Mais, comme c'est la copine de Pauline et que Pauline c'est ma copine, je ne peux pas lui en vouloir. La courgette, c'est un truc qu'on se passe entre copines. C'est pour ça que je vous le donne...

Pour 4 personnes :

500 g de blancs de poulet (sous Cellophane dans votre supermarché)
4 verres de riz

2 courgettes
1 oignon
Huile d'olive
1 bouillon-cube (ou tout autre parallélépipède aromatisé aux épices de votre choix)
2 cuillères à café de curry en poudre
Sel, poivre
Persil déshydraté (c'est-à-dire en miettes)

Épluchez et coupez en rondelles l'oignon et les courgettes. Découpez les blancs de poulet en cubes (pas trop petits, sinon c'est sec après la cuisson).
Dans une poêle (mieux : dans une sauteuse), faites revenir l'huile et l'oignon. Au bout de 5 minutes, ajoutez-y les courgettes. Laissez cuire 1/4 d'heure en remuant régulièrement. Ajoutez les cubes de poulet. Salez, poivrez. Faites chauffer encore 10 minutes.
Faites bouillir une casserole d'eau salée et aromatisée du bouillon-cube et du curry. Jetez-y le riz.
Au moment de servir, tapissez un grand plat avec le riz. Par-dessus, construisez un joli dôme avec le mélange « courgettes/poulet/oignon ». Enfin, saupoudrez le tout de persil.

Pendant la cuisson du mélange, j'ajoute généralement un peu de piment de Cayenne ou de piment d'Espelette (un piment basque) en poudre, pour encore plus de piquant.

Riz au four

Voici venir le dessert le plus rapide de l'Ouest de votre cuisine !

Pour 6 à 8 personnes :

150 g de riz blanc
125 g de beurre
125 g de sucre (ou 5 sachets de sucre vanillé)
1 l de lait
1 cuillère à soupe de rhum

Faites fondre le beurre dans une casserole. Dans un saladier, mélangez le beurre fondu avec le lait, le rhum et le sucre. Lavez le riz et ne le faites surtout pas cuire. Dans un plat à gratin (rond, ovale, carré, rectangulaire, en forme de Babar ou de Pamela Anderson), tapissez le fond du plat avec le riz et recouvrez-le du mélange. Faites cuire au four (thermostat 7) pendant 1 heure.

On peut remplacer le rhum par du Grand Marnier (2 cuillères à soupe au lieu d'1). Dans ce cas, utilisez exclusivement du sucre non vanillé.

Le dessert qui fait peur

A priori, on peut craindre le pire. Mais une vraie gourmande n'a peur de rien, n'est-ce pas ?

Pour 4 héros :

4 gros pots de yaourt à la grecque (ou fromage blanc brassé)
500 g de fraises
2 grosses meringues ou 6 petites (au rayon je pourrais très bien m'en passer si j'étais raisonnable de votre supermarché)
2 cuillères à soupe de sucre en poudre (ou 2 sachets de sucre vanillé)

Lavez les fraises, enlevez les queues et coupez-les en petits morceaux. Dans un saladier, versez les yaourts, les morceaux de fraises et le sucre. Dans cette préparation, incorporez les meringues en les écrasant sans pitié. Mélangez bien et mettez au réfrigérateur au moins 1 heure avant de servir.

Longtemps, j'ai rêvé d'écrabouiller des meringues dans un yaourt, sans jamais oser le faire. Un jour, j'ai osé. Et je ne le regrette pas. Ce dessert a priori *un peu balourd est en réalité un régal de finesse...*

Croquets

Si vous n'êtes pas du Sud, vous ne connaissez peut-être pas. Encore que, moi, je suis Beauceronne (cherchez bien sur la carte), et je connais. Alors...

Pour 8 à 10 croquets :

400 g de sucre
5 œufs
farine
1 sachet de levure chimique
Noisettes ou amandes (ou les deux) décortiquées et émiettées

Dans un saladier, mélangez 4 œufs entiers, un blanc d'œuf (le jaune vous servira plus tard) et le sucre. Versez et mélangez ce que les œufs peuvent absorber de farine. Visez le moment où votre mélange liquide commence à se solidifier. Versez la levure, les noisettes et les amandes. Mélangez le tout.
Sur la plaque du four, posez une feuille d'aluminium et beurrez-la.
Disposez dessus des petits paquets de cette préparation (un peu plus gros qu'un biscuit) et badigeonnez-les avec le jaune d'œuf restant, afin de les faire dorer.
Faites cuire au four préchauffé (thermostat 6) pendant 30 minutes.

Si vous aimez ça (moi, je n'en suis pas folle, mais généralement, les gens adorent), ajoutez quelques zestes d'orange.

5 – MÔA

OU « COMMENT, MALGRÉ UN VÉCU CULINAIRE INDIGENT, ON PEUT INVENTER DES RECETTES DIGNES DE CE NOM »

Moi, je suis comme ça : élevée à la purée déshydratée et aux colorants de synthèse. Longtemps, j'ai confondu « goût » et « acidité ». Ce qui avait du goût, c'étaient les bonbecs, le Tang à la fraise et la glace à l'eau au citron. Alors, c'est sûr qu'avec un tel handicap de la papille, il est bien difficile de se mettre à manger « normalement ». Ce qui m'a sauvée, c'est le fait de toujours vouloir impressionner mes amoureux. Je voulais leur donner une nourriture équilibrée (ou presque) pour qu'ils pensent que j'étais une fille équilibrée et non une adolescente attardée qui descend un paquet de chamallows en regardant *Ma sorcière bien-aimée* à la télé.
Et, sans me vanter, ça a marché ! Enfin, au début, quoi... Parce que mon problème à moi, c'est que je suis un tan-

tinet obsessionnelle. Disons que, lorsque je découvre un produit qui me plaît, j'ai tendance à le décliner... jusqu'à l'écœurement. Et c'est là que mes amoureux me quittent, en général.

Alors, suivez mon conseil. Si vous avez un amoureux à épater, piochez dans ces recettes avec parcimonie. Évitez les « hivers-courgettes » et les « printemps-carottes » : ça lasse...

Vous trouverez, dans ce chapitre :

1 – Une ode à la courgette

Je l'ai connue dans les années 90. Depuis, nous ne nous sommes plus quittées. En revanche, mon mari commence à la trouver encombrante.

2 – Une ode aux fromages

En Corrèze, on est élevé au fromage « odorant ». On n'hésite pas à le tremper dans le café du matin. Après quoi, on est obligé d'en mettre un peu partout. À éviter tout de même pour le premier dîner en amoureux.

3 – La marotte des carottes

La carotte a l'énorme avantage d'être sucrée et donc de plaire aux garçons élevés aux hamburgers et au ketchup.

4 – Mes desserts à Môa

J'en ai pas inventé beaucoup, d'abord, parce que je suis un peu feignante du côté du gâteau et, ensuite, parce que, de toute façon, je ne ferai jamais aussi bien les desserts que sa mère (il n'ose pas le dire, mais je l'ai compris en lisant *La cuisine des enfants*).

5 – Le câlin de quatre heures

Celui qui réconforte, pas celui qui culpabilise. Il réconforte s'il est très rapide à préparer, tout en exigeant un brin de savoir-faire. Celui qui culpabilise, c'est celui qu'on ingurgite sans même s'en rendre compte, sitôt sorti de l'emballage.

Courgettes frites

Dans les cuisines espagnoles, vous trouverez presque toujours une marmite tapissée d'huile et prête à recevoir n'importe quoi, pourvu que ça puisse se manger frit. Selon l'heure ou les envies culinaires, on jette dedans la pâte à churros, les calamars ou les pommes de terre. Moi, en passant, j'y ai jeté des rondelles de courgettes pour l'apéro...

1 ou 2 courgettes (1 courgette fait une bonne assiette de courgettes frites)
1 ou 2 gousses d'ail (ou cubes culinaires aromatisés à l'ail)
Huile d'olive
Sel (de préférence aromatisé aux légumes)
Curry et cumin en poudre

Ouvrez les fenêtres de votre cuisine en grand ou allumez la hotte aspirante.
Dans une sauteuse (ou une poêle assez large et haute), faites chauffer l'huile en quantité suffisante pour en recouvrir le fond et immerger les rondelles de courgettes. Lavez les courgettes. Séchez-les dans un torchon. Ôtez leurs deux extrémités. Coupez-les en rondelles d'environ 1/2 cm d'épaisseur.
Quand l'huile est bien chaude (quand la première rondelle frémit, rigole et se ratatine instantanément), jetez l'ail épluché et émietté, ainsi que les rondelles de courgettes, en prenant garde qu'elles ne se marchent pas trop dessus. Au bout de 5 à 6 minutes, avec une écumoire,

sortez les courgettes de l'huile et étalez-les sur une assiette recouverte d'un essuie-tout (elles ne doivent pas se superposer).
Saupoudrez de sel (pas mal, comme pour les frites), de curry et de cumin. Enlevez l'essuie-tout pour servir.

Servez tiède, accompagné d'un bol de fromage blanc avec des fines herbes. Le contraste entre la fraîcheur de l'un et le croustillant de l'autre est un régal.

Salade de courgettes

Ou comment, avec de simples légumes, réaliser une adorable sucrerie. Vous n'en reviendrez pas...

Pour 4 personnes :

2 courgettes
2 carottes
2 pommes (fruit)
Huile de tournesol
Le jus d'1 citron
1 cuillère à soupe de sucre
Sel, poivre
Cumin en poudre

Si vous résistez toujours aux technologies modernes et que vous n'avez pas investi dans un robot moulineur, hacheur et râpeur, vous pouvez réaliser cette recette avec une râpe métallique (bon courage, mademoiselle Croc-Magnon !).
Or donc, lavez, pelez et râpez les courgettes, les carottes et les pommes. Dans un saladier, versez 1 cuillère à soupe d'huile, le jus du citron, le sucre,

le sel, le poivre et le cumin (1 cuillère à café). Versez vos légumes et vos pommes dans la sauce. Laissez confire au moins 2 heures, à température ambiante. Puis mettez la salade au frais 1/4 d'heure. Servez...

Voulez-vous savoir ce qui se passe pendant ce temps ? Les légumes et les fruits dégorgent leur jus qui se mélange à la sauce, provoquant un sucré-salé du meilleur effet. Le sucre pénètre dans les légumes et les fruits, ce qui, en toute logique, les attendrit, les rend plus fondants. À la fin, on croit manger une salade de fruits, presque confits et délicieusement parfumés.

La ratatouille de bébé

Savez-vous pourquoi bébé n'aime pas la ratatouille ? À cause des morceaux. Comme dans les yaourts aux fruits. Bien sûr, nous, nous préférons sentir les morceaux de fruits parfumés, mais lui, ça le dégoûte. Pour la ratatouille, c'est pareil. Je suis sûre qu'il peut aimer le goût des tomates, des aubergines et des courgettes, si vous lui épargnez «les gros morceaux avec la peau». Alors, au risque de me répéter, voilà ce que je propose : achetez un robot !!!

Pour 4 bébés :

2 courgettes
1 petite aubergine
1/2 oignon
1 boîte de tomates pelées et concassées
Huile de tournesol (en général, bébé préfère)
Sel
1 cuillère à café de curry en poudre

Lavez, pelez et râpez vos légumes (avec le robot magique, évidemment). Dans une sauteuse (ce n'est pas une puce, mais une poêle à haut rebord), faites chauffer l'huile et les tomates. Assaisonnez-les. 5 minutes après, versez tous les légumes ensemble dans la sauteuse et salez à nouveau. Laissez cuire longtemps (au moins 1/2 heure) à feu doux, en remuant de temps en temps. Si vous trouvez que ça accroche un peu, couvrez la sauteuse pour créer de l'humidité à l'intérieur.

1 – Pour adoucir, on peut ajouter un carré frais.
2 – Vous pouvez en voler dans l'assiette de bébé pour faire une entrée pour les grands. Il faut alors la servir bien froide, arrosée d'huile d'olive et forcer un peu sur le sel, le curry et le piment de Cayenne.
3 – On peut en préparer en grande quantité, ça se conserve très bien.
4 – Je lutte farouchement contre les parents qui ne veulent pas faire manger d'oignon à leurs enfants. D'abord, au niveau du goût, c'est délicieux, parce que ça caramélise le reste (c'est sucré, l'oignon). Ensuite, au niveau digestif, les petits n'ont rien à craindre après une cuisson d'1/2 heure !

La ratatouille de maman

Pas de **ma** ***maman, je vous rassure tout de suite. La ratatouille de maman, elle a comme particularité de contenir plus d'oignons que de tomates. Et je vais vous expliquer séance tenante pourquoi. Tout simplement, parce que, moi, la tomate cuite en grande quantité, m'écœure. Ensuite, pour la raison évoquée quelques***

lignes plus haut : l'oignon, s'il cuit longtemps, caramélise les autres légumes. Il donne un effet sucré (comme la tomate), mais pas écœurant. Tout cela reste assez subjectif, j'en conviens, mais essayez vous-même et nous échangerons nos impressions...

Pour 4 sujets :

4 courgettes
2 aubergines
1/2 boîte de tomates pelées et concassées
3 oignons rouges (pas trop gros)
Huile d'olive
Sel, curry, piment de Cayenne (ou piment d'Espelette) en poudre

Lavez les courgettes et les aubergines et ôtez leurs pôles. Mettez les courgettes en pyjama (pelez seulement 1 cm sur 2) et les aubergines toutes nues (pelez entièrement). Coupez tout en rondelles de 1 cm d'épaisseur environ. Pelez les oignons (avec un couteau mouillé, ça évite de pleurer) et coupez-les en quatre. Dans une sauteuse (ou une cocotte), faites dorer les oignons dans l'huile chaude, pendant 5 minutes. Ajoutez les aubergines. Laissez cuire 15 minutes. Ajoutez les courgettes, les tomates, le sel, le curry, le piment et un peu d'huile, si nécessaire. Mélangez et couvrez. Laissez cuire à feu doux pendant 1/2 heure.
Enlevez le couvercle et laissez cuire encore 1/4 d'heure à découvert (le jus va s'évaporer et les légumes confire un peu).

Pour que les oignons soient vraiment caramélisés, il faut qu'ils cuisent longtemps, à feu doux et dans beaucoup d'huile. Le coup de maître, c'est de réussir à les conserver en quarts, pas en miettes...

Tarte à la courgette

La courgette dans la tarte, c'est comme le lardon dans la quiche : c'est ce qui donne le croustillant. Et pourtant, c'est moelleux et fondant comme tout, la courgette... Une vraie tarte pour gourmandes certifiées... 4 à 6 environ.

3 courgettes
4 œufs
20 cl de crème fraîche épaisse
1 pâte brisée en rouleau (au rayon « mauvaise fille » de votre supermarché préféré)
200 g de comté (ou 1 sachet de gruyère râpé)
Sel, poivre
Muscade et herbes de Provence (ou basilic) en poudre

Lavez les courgettes et mettez-les en pyjama (vous vous souvenez ? On épluche 1 cm sur 2). Coupez-les en rondelles fines. Jetez-les 2 minutes dans l'eau bouillante (ça les attendrit). Étalez la pâte (avec le papier sulfurisé) sur un moule à tarte. Découpez le papier en trop.
Piquez la pâte avec une fourchette et mettez au four préchauffé (thermostat 6), pendant 3 ou 4 minutes.
Dans un saladier, battez les œufs en omelette. Mélangez-les avec la crème, le sel, le poivre, 1 petite cuillère à café de muscade et 1 d'herbes de Provence. Fouettez moi tout ça vigoureusement ! Râpez le comté (plutôt en grosses lamelles).

Sortez la pâte du four. Égouttez les courgettes et pressez-les (pour qu'elles perdent un peu de leur eau). Versez-les sur la pâte, ainsi que le contenu du saladier. Étalez les lamelles de comté sur le dessus. Mettez au four (thermostat 8), pendant 30 à 40 minutes (selon la largeur de la tarte).

Conservez quelques rondelles de courgettes non-ébouillantées pour poser sur le dessus de la tarte (c'est joli et plus ferme encore).
Maintenant que vous savez faire ça, vous pouvez imaginer toutes les tartes salées de la terre. Remplacez les courgettes par des brocolis ou des tomates, par exemple. Rajoutez des lardons, du saumon ou du thon. Inventez !

Courgettes farcies

Deux courgettes par personne, c'est mieux qu'une. Préparez-en davantage que vous n'en avez besoin, et conservez ce qui vous reste au frais ou au congélateur pour un soir de déprime. Voici ce qui se passe pour 4 personnes :

8 courgettes
200 g de viande hachée
200 g de chair à saucisses (ou 200 g de saucisses que vous videz)
2 œufs
Huile d'olive
Sel, poivre, muscade, persil et herbes de Provence déshydratés

Lavez les courgettes. Ôtez leurs pôles. Coupez-les en deux dans le sens de la longueur et retirez la pulpe (enlevez seulement le cœur de la courgette).
Dans un saladier, mélangez la viande, la chair à saucisses, les œufs, le sel, le poivre, 1 cuillère à café de muscade et 2 de persil. Quand je dis « mélangez », je veux dire « malaxez avec vos petites mains toutes propres » (c'est beaucoup plus efficace et homogène qu'avec une fourchette).
Faites chauffer votre four (thermostat 6). Posez une feuille d'aluminium sur la lèchefrite (la plaque incurvée). Remplissez chaque 1/2 courgette avec un peu de farce. Posez les courgettes sur la plaque et arrosez-les d'huile. Saupoudrez d'herbes de Provence. Laissez cuire (thermostat 8), pendant environ 30 minutes, en prenant soin de les arroser régulièrement de jus de cuisson.

De la même façon, vous pourrez, bien sûr, farcir des tomates, des aubergines et des pommes de terre. Vous vous approcherez, à ce moment-là, de ce que les Marseillais appellent « les petits farcis ».

Purée de courgettes

En l'écrivant, ça me fait penser à mon beau-père, lorsqu'il s'exclame, en regardant mon fils : « Purée de tes os ! » Je ne sais pas encore très bien comment le prendre. Pour le moment, je me contente de garder un œil vigilant sur mon fils...

Pour 4 personnes :

4 courgettes (des grosses, bien charnues)
2 pommes de terre (idem)
15 cl de crème fraîche épaisse
1 bouillon-cube
Sel, poivre
1 cuillère à café de muscade en poudre

Dans une grande marmite, faites bouillir deux litres d'eau salée et mettez-y le bouillon-cube. Lavez et pelez entièrement les légumes. Coupez-les en gros morceaux. Jetez les pommes de terre dans l'eau bouillante. Laissez cuire environ 15 minutes. Ajoutez les courgettes. Laissez cuire encore 5 minutes.
Égouttez les légumes (en vous débrouillant pour récupérer l'eau de cuisson !). Dans un plat de service (plutôt profond), versez les légumes. Écrasez-les à la fourchette. Saupoudrez de sel, de poivre et de muscade. Versez l'eau de cuisson (jusqu'à obtenir la consistance de purée qui vous intéresse). Mélangez le tout.
Au moment de servir, incorporez la crème et vérifiez l'assaisonnement.

Avec cette recette multi-usages, on peut réaliser une purée de brocolis, de haricots verts ou de carottes. Pour la purée de carottes, on remplace la muscade par du cumin. De plus, cette purée fait le bonheur des papilles nouvelles-nées. En particulier, en remplaçant la crème fraîche (un peu lourde) par un carré frais ou un morceau de roquefort (ils adorent !).

Boulettes aux carottes

Voici une recette inspirée d'un plat algérien qui se prépare normalement dans un tajine (ce plat en terre cuite avec un couvercle en forme d'entonnoir...). Vous n'en avez pas ? Moi non plus. Alors faisons-le dans une sauteuse. Attention, il est préférable de faire mariner la viande une nuit entière. C'est donc une recette pour demain...

Pour 4 à 6 personnes :

500 g de viande hachée
4 carottes
1 boîte de tomates pelées et concassées
2 jaunes d'œufs
2 oignons
2 gousses d'ail
Huile d'olive
Sel, poivre, bouquet garni, coriandre et piment de Cayenne déshydratés

Pour la marinade, mélangez, dans un saladier, la viande, les jaunes d'œufs, 3 cuillères à café de coriandre, 3 de bouquet garni, 2 de piment, 2 de poivre, 3 de sel. Arrosez avec 3 cuillères à soupe d'huile. Mettez au réfrigérateur pour la nuit.
Le lendemain, vous avez bien dormi, vous êtes prête pour le grand régal. Épluchez les carottes, les oignons et l'ail. Coupez les carottes en rondelles. Hachez les oignons et l'ail en tout petits morceaux. Tapissez la sauteuse d'huile et faites revenir, environ 10 minutes, les tomates, les carottes, les oignons et l'ail. Salez, poivrez. Pendant ce temps (pas le temps de se reposer...), réali-

sez de jolies boulettes de viande marinée et faites-les dorer (environ 5 minutes) dans une poêle huilée, en les tournant de temps en temps.
Remettez les légumes sur feu doux et plongez les boulettes dedans (normalement, elles doivent être recouvertes par les légumes). Couvrez et laissez cuire 1 heure environ.

Toutes les cuisinières algériennes vous expliqueront que les boulettes aux carottes, ça ne se fait pas autrement que dans un tajine. C'est à vous de voir jusqu'où vous êtes prête à investir. Si vous achetez le tajine, placez les légumes et les boulettes dedans et faites chauffer 1 heure au four (thermostat 6). Sinon, essayez de vous en tirer en racontant qu'en fait ce n'est pas une recette algérienne.

Purée de carottes au cumin

Comme c'est étrange... Ça ressemble comme deux gouttes de lait à la purée de courgettes !

Pour 4 personnes :
4 grosses carottes
2 grosses pommes de terre
15 cl de crème fraîche épaisse
1 bouillon-cube
Sel, poivre
2 cuillères à café de cumin en poudre

Dans une grande marmite, faites bouillir 2 litres d'eau salée, dans laquelle vous jetez le bouillon-cube. Lavez et pelez entièrement les légumes. Coupez-les en gros

tronçons. Jetez-les dans l'eau bouillante. Laissez cuire 30 minutes.
Égouttez les légumes et versez-les dans un plat de service. Écrasez-les à la fourchette. Versez le sel, le poivre, le cumin et de l'eau de cuisson (jusqu'à la consistance désirée). Mélangez le tout. Au moment de servir, vérifiez l'assaisonnement.

Les mêmes gestes s'appliquant à la purée de courgettes et à la purée de carottes, pourquoi ne pas préparer les deux pour le même repas ? Une grosse cuillère de chacune autour d'une aile de poulet rôti ou d'une tranche de saumon grillé, c'est très coquet...

Carottes aux lardons

Voici un «frichti» tellement rapide à faire et tellement acidulé que j'en ai un peu lassé ma petite famille. Mais si vous le découvrez aujourd'hui, surtout, ne vous en privez pas ! Je vous le fais pour 4 personnes :

6 carottes (ou l'équivalent en carottes surgelées)
2 barquettes de lardons fumés et sans couenne
1 brique de crème fraîche liquide
Huile de tournesol
Sel, poivre, persil et sucre en poudre

Si vous avez choisi l'option « carottes fraîches », lavez et pelez les carottes. Coupez-les en rondelles d'1 cm. Dans une marmite, faites revenir les lardons, les rondelles de carottes, le sel (pas trop, à cause des lardons), le poivre, le persil et 1 cuillère à soupe de sucre dans l'huile, pendant 5 minutes. Versez 1 verre d'eau par-dessus. Couvrez. Laissez cuire à feu doux pendant 1/2 heure. Versez la moitié de la brique de crème fraîche et attendez la reprise de l'ébullition. C'est prêt !

Le goût sucré évoque celui des petits pois-carottes. Les lardons sont croustillants. Pas de quoi perdre son mari pour autant : n'en abusez pas...

Carottes aux brocolis

Voici une variante, parmi d'autres, de mes carottes aux lardons. On peut alterner l'une et l'autre un soir sur deux, histoire de ne pas laisser à la famille le temps de se lasser...

Pour 6 personnes :

Mêmes ingrédients que la recette précédente
1 kg de brocolis

Faites revenir les brocolis avec les carottes et les lardons comme indiqué dans la recette des... carottes aux lardons ! Mettez davantage de crème fraîche liquide (la brique entière au lieu de la moitié), de sel, de poivre et de persil. Mais ne sucrez pas plus.

Et voilà un autre « frichti », plus imposant, mais pas plus lourd. On peut varier les proportions, selon le légume que l'on préfère. Et pourquoi ne pas ajouter une boîte de champignons de Paris en lamelles ?

Fromage frit

Vous voyez les petits bouts de fromage que votre Jules range systématiquement dans le frigo, alors que, franchement, il aurait pu les manger sans tomber malade ? Eh bien, nous allons leur faire un sort, pour la bonne cause (celle des gourmandes !).

Pour une dizaine de fritures :

Restes de fromage (pas ceux qui s'émiettent, type roquefort, plutôt camembert, brie, reblochon...)
2 œufs
50 g de farine
Chapelure (ou biscottes écrasées)
Huile de tournesol
1 cuillère à café de muscade

Taillez les morceaux de fromage en bandelettes, un peu plus grosses que des tickets de métro et beaucoup moins que des billets de train. Enlevez la croûte (et donnez-la-moi, j'adore !). Dans une sauteuse, faites chauffer assez d'huile pour pouvoir y plonger les bandelettes de fromage. Dans une première assiette creuse, versez la farine. Dans une deuxième assiette creuse, battez les œufs en omelette, avec la muscade. Dans une troisième assiette creuse, versez la chapelure (ou les biscottes écrasées).
Ensuite, trempez chaque bandelette dans chacune des assiettes. Puis, jetez-les (avec délicatesse, si vous le pouvez, mais sans vous brûler), dans l'huile bien chaude. Laissez-les dorer une minute ou deux. Égouttez-les sur un essuie-tout, et c'est tout !

Vous avez remarqué ? Ça ressemble étrangement à la courgette frite (mais avec chapelure). Alors, faites les deux ensemble.

Potatoesburger

C'est classe comme nom, n'est-ce pas ? Vous allez impressionner votre boyfriend et vos babies, avec ce truc d'une simplicité... américaine.

1 ou 2 pommes de terre (longues) par personne
Autant de tranches de fromage (tranches déjà coupées sous-vide, au rayon « vache pasteurisée » de votre supermarché préféré)
Autant de tranches de bacon
Poivre

Lavez soigneusement les pommes de terre, car on garde la peau. Coupez-les en deux, dans le sens de la longueur. Sur une des deux moitiés, superposez une tranche de bacon et une tranche de fromage. Poivrez. Fermez le burger avec l'autre moitié de pomme de terre. Enveloppez chaque pomme de terre dans un morceau de papier d'aluminium. Mettez au four préchauffé (thermostat 8) pendant 1 heure.

C'est irrésistible avec une petite salade. Les enfants en redemandent, surtout qu'ils peuvent les réaliser eux-mêmes, avec le fromage qu'ils préfèrent (par exemple, le cheddar des burgers américains).

Tarte aux poires bleues

Évidemment, c'est une blague ! Ça n'existe pas, les poires bleues. En fait, il s'agit d'une tarte salée aux poires et au bleu (le fromage). Mariage des plus émouvants...

Pour 4 à 6 personnes :

1 pâte feuilletée en rouleau (ou 2 pour une éventuelle version « tourte »)
1 boîte de poires au sirop
200 g de bleu d'Auvergne
1 sachet de pignons de pin (au rayon « quand j'serai grande, j'serai boulangère » de votre supermarché)
Beurre
Sel, poivre,
1 cuillère à café de paprika

Videz le sirop de la boîte de poires (et buvez-le si ça vous chante...). Coupez les poires en lamelles assez épaisses. Dans une poêle, faites revenir les poires dans du beurre pendant 1/4 d'heure.
Pendant ce temps (pas question de rester là à rien faire...), déroulez la pâte dans un moule à tarte, découpez le papier sulfurisé qui déborde. Piquez la pâte à la fourchette et enfournez à thermostat 6 pendant 5 minutes. Ressortez le moule. Disposez les lamelles de poires en laissant s'exprimer votre créativité. Émiettez le bleu par-dessus. Saupoudrez de pignons de pin, de paprika, de sel et de poivre. Faites cuire au four (thermostat 7) pendant 20 minutes.

1. Pour la version « tourte », il suffit de recouvrir toute la garniture avec la deuxième pâte feuilletée, d'en rouler les bords avec ceux de la première, de l'inciser et de découper un puits au centre d'environ 3 cm de diamètre.
2. J'en connais qui réalisent la même recette en remplaçant le bleu par du chèvre. Personnellement, je trouve le chèvre trop farineux, trop pâteux pour se faire oublier aussi subtilement que le bleu.
3. On a longtemps séparé la poire et le fromage. D'ailleurs, n'y a-t-il pas toujours quelque chose « entre la poire et le fromage » ? Eh bien, c'est une erreur gravissime, car il n'y a pas de mariage plus gourmand que celui-ci (on en veut toujours aux gourmands !).

Hachis au roquefort

C'est le cousin de celui de Monsieur Parmentier (la branche cévenole de la famille), et ça change... Malgré les apparences, c'est beaucoup plus raffiné que ça en a l'air. Tout est question de proportions. Voici pour 4 personnes :

500 g de viande hachée
1 kg de pommes de terre (des charnues, spéciales purée)
200 g de roquefort
1/2 l de lait (ou 2 briques de sauce au roquefort toute prête, au rayon « feignante » de votre supermarché préféré)
1/2 sachet de gruyère râpé, du beurre
Muscade et persil déshydratés, sel, poivre

Lavez et épluchez les pommes de terre. Coupez-les en gros tronçons et faites-les cuire dans l'eau bouillante salée pendant 20 minutes. Dans une poêle, faites dorer la viande hachée pendant 2 ou 3 minutes. Salez, poivrez, persillez.
Dans une petite casserole, versez le lait, le roquefort et 1/2 cuillère à café de muscade. Faites chauffer jusqu'à ébullition en écrasant le roquefort contre la paroi de la casserole. (Si vous avez retenu l'option « feignante », vous n'avez qu'à réchauffer la sauce, sans oublier la muscade.)
Égouttez les pommes de terre et écrasez-les à la fourchette dans un saladier. Versez la sauce au roquefort par-dessus. Mélangez.
Beurrez le fond d'un plat à gratin (avec vos mains qui n'ont peur de rien). Disposez une fine couche de purée, puis une couche de viande, puis une couche de purée, puis une couche de viande, puis une couche de purée (je m'arrête là ?). Un peu de gruyère râpé, et hop ! au four (thermostat 7), pendant 15 minutes.

Si vous n'aimez pas le roquefort (et, dans ce cas-là, je me demande bien pourquoi vous avez lu la recette jusqu'au bout), vous pouvez le supprimer et réaliser un hachis, banal, certes, mais réussi. Vous pouvez également remplacer la sauce au roquefort par une sauce tomate en délayant une boîte de concentré de tomates avec un peu de crème fraîche liquide. Dans ce cas, ne mélangez pas la sauce tomate avec les pommes de terre, mais avec la viande pendant sa cuisson.

Salade d'agrumes

J'ai découvert ce dessert chez ma copine Anne, qui le tient de sa mère, qui le tenait elle-même de sa mère. C'est un dessert oriental que j'ai modifié parce qu'il contient normalement une bonne dose de cannelle et que je déteste la cannelle. Voici la version aux oranges :

2 oranges par assiette à dessert
3 feuilles de menthe fraîche par assiette
1 cuillère à soupe par assiette de sucre glace (sinon, de sucre normal)

Je commence par l'inconvénient : ce dessert se prépare à l'assiette. Il faut donc avoir de la place au réfrigérateur. Quant aux avantages : il est enfantin et excellent. Pelez les oranges et coupez-les en rondelles dans le sens de la largeur (oui, je sais, c'est rond, une orange, mais comme pour la Terre, on considère que le haut et le bas sont un peu plus écrasés que le reste). Pour cette opération, je vous conseille d'utiliser un petit couteau de cuisine bien aiguisé. Disposez les rondelles de façon à remplir l'assiette. Enlevez tous les pépins que vous croisez sur votre passage. Coupez les rondelles en deux (ou plus) : ce sera plus simple à manger. Saupoudrez de sucre. Lavez la menthe et disposez les feuilles sur les rondelles, au centre de l'assiette.
Mettez au frais au moins 2 heures et sortez 1/4 d'heure avant de servir.

Cette salade accompagne merveilleusement les pâtisseries orientales, évidemment, mais aussi n'importe quel

gâteau (type sablé ou quatre-quarts). C'est aussi délicieux avec une boule de mousse au chocolat.
Si vous aimez la cannelle, n'hésitez pas à en saupoudrer les rondelles. Dans ce cas, mettez beaucoup moins de sucre (mais un peu quand même, car il aide les oranges à dégorger leur jus et il les confit un peu).
On peut, bien sûr, réaliser des variantes avec des rondelles de pamplemousse, de mandarine ou de kiwi. On peut même mélanger tout ça.
Personnellement, il m'arrive de tricher un peu quand je n'ai pas le temps de laisser macérer les fruits. Je remplace le sucre par du sirop d'orange légèrement dilué dans de l'eau.

Le « quatre-heures » qui tue

Petite, j'habitais à la campagne et j'avais peur en rentrant de l'école. La maison était vide. Le frigo aussi. Il ne restait que cinq minutes avant le début de* L'île aux enfants *à la télévision. Juste le temps de me préparer « un câlin au chocolat ».

Autant de biscuits sablés que votre estomac est capable d'en supporter
1 bombe de crème Chantilly
1 tablette de chocolat qui croustille (plus, si vous avez vraiment besoin de réconfort)

Ouvrez le paquet de sablés en tirant sur la languette. Sortez-en un (pour commencer...). Agitez la bombe de crème et orientez-la vers le sablé. Appuyez assez fort en tournant pour faire une jolie spirale.

Ouvrez la tablette de chocolat. Cassez 2 carrés. Écrasez-les (délicatement) au beau milieu de la crème. Si vous êtes naturellement équipée pour, faites-en une seule bouchée !

À cette époque, je réalisais mes quatre-heures avec des sablés Gringoire. Leur forme ressemblait à deux paires d'oreilles de lapin en vis-à-vis. D'ailleurs, sur le paquet, il y avait un gentil lapin qui souriait. Je crois malheureusement qu'ils n'existent plus.
En remplacement, je recommande des sablés très salés et, pourquoi pas, glacés de chocolat.
Votre « quatre-heures » sera parfaitement réussi si vous visez bien le centre de la crème pour poser le chocolat. Sinon, la crème risque de riper sur les bords du sablé et de vous rester sur l'estomac. Ce serait vraiment dommage !

INDEX DES RECETTES

Apéro

Entrées

Tartes salées

Viandes

Poissons

Pâtes

Légumes

Fromage

Desserts

Goûter

REMERCIEMENTS

Un gros bisou à Mamy Blue, ma mamie bleue.

Un clin d'œil reconnaissant à ceux qui, à défaut de me transmettre l'art culinaire, m'ont donné le goût de recevoir : Marcelle, Dédé, Mary et Jo.

Un grand merci à mes copains, gourmandes et gourmands, pour qui la cuisine se partage autant dans l'assiette que dans la convivialité : Anabelle, Paupiette, Pauline, Caro, Françoise, Aurianne, Romain, Anne et ma sœur Anne.

Merci à celle qui m'a soutenue dans le travail d'écriture : Sophie, «*ébullition,* tu mets un *l* ou deux ?»

Enfin, je promets de concocter les meilleurs petits plats de la terre à ceux qui en ont été privés pendant l'écriture de ce livre : Justine, Joseph et Gilles.

Table des matières

CATALOGUE LIBRIO

CLASSIQUES

Affaire Dreyfus (L')
J'accuse et autres documents - n°201

Alphonse Allais
L'affaire Blaireau - n°43
A l'œil - n°50

Honoré de Balzac
Le colonel Chabert - n°28
Melmoth réconcilié - n°168
Ferragus, chef des Dévorants - n°226

Jules Barbey d'Aurevilly
Le bonheur dans le crime - n°196

Charles Baudelaire
Les Fleurs du Mal - n°48
Le Spleen de Paris - n°179
Les paradis artificiels - n°212

Beaumarchais
Le barbier de Séville - n°139

Bernardin de Saint-Pierre
Paul et Virginie - n°65

Pedro Calderón de la Barca
La vie est un songe - n°130

Giacomo Casanova
Plaisirs de bouche - n°220

Corneille
Le Cid - n°21

Alphonse Daudet
Lettres de mon moulin - n°12
Sapho - n°86
Tartarin de Tarascon - n°164

Descartes
Le discours de la méthode - n°299

Charles Dickens
Un chant de Noël - n°146

Denis Diderot
Le neveu de Rameau - n°61

Fiodor Dostoïevski
L'éternel mari - n°112
Le joueur - n°155

Gustave Flaubert
Trois contes - n°45
Dictionnaire des idées reçues - n°175

Anatole France
Le livre de mon ami - n°121

Théophile Gautier
Le roman de la momie - n°81
La morte amoureuse - n°263

Genèse (La) - n°90

Goethe
Faust - n°82

Nicolas Gogol
Le journal d'un fou - n°120
La nuit de Noël - n°252

Grimm
Blanche-Neige - n°248

Victor Hugo
Le dernier jour d'un condamné - n°70

Henry James
Une vie à Londres - n°159
Le tour d'écrou - n°200

Franz Kafka
La métamorphose - n°3

Eugène Labiche
Le voyage de Monsieur Perrichon - n°270

Madame de La Fayette
La Princesse de Clèves - n°57

Jean de La Fontaine
Le lièvre et la tortue et autres fables - n°131

Alphonse de Lamartine
Graziella - n°143

Gaston Leroux
Le fauteuil hanté - n°126

Longus
Daphnis et Chloé - n°49

Pierre Louÿs
La Femme et le Pantin - n°40
Manuel de civilité - n°255
(*Pour lecteurs avertis*)

Nicolas Machiavel
Le Prince - n°163

Stéphane Mallarmé
Poésie - n°135

Guy de Maupassant
Le Horla - n°1
Boule de Suif - n°27
Une partie de campagne - n°29
La maison Tellier - n°44
Une vie - n°109
Pierre et Jean - n°151
La petite Roque - n°217
Le docteur Héraclius Gloss - n°282

Karl Marx, Friedrich Engels
Manifeste du parti communiste - n°210

Prosper Mérimée
Carmen - n°13
Mateo Falcone - n°98
Colomba - n°167
La vénus d'Ille - n°236

Les Mille et Une Nuits
Histoire de Sindbad le Marin - n°147
Aladdin ou la lampe merveilleuse - n°191
Ali Baba et les quarante voleurs - n°298

Mirabeau
L'éducation de Laure - n°256
(*Pour lecteurs avertis*)

Molière
Dom Juan - n°14
Les fourberies de Scapin - n°181
Le bourgeois gentilhomme - n°235
L'école des femmes - n°277

Alfred de Musset
Les caprices de Marianne - n°39

Gérard de Nerval
Aurélia - n°23
Ovide
L'art d'aimer - n°11

Charles Perrault
Contes de ma mère l'Oye - n°32

Platon
Le banquet - n°76

Edgard Allan Poe
Double assassinat dans la rue Morgue - n°26
Le scarabée d'or - n°93
Le chat noir - n°213
La chute de la maison Usher - n°293

Alexandre Pouchkine
La fille du capitaine - n°24
La dame de pique - n°74

Abbé Prévost
Manon Lescaut - n°94

Raymond Radiguet
Le diable au corps - n°8
Le bal du comte d'Orgel - n°156

Jules Renard
Poil de Carotte - n°25
Histoires naturelles - n°134

Arthur Rimbaud
Le bateau ivre - n°18

Edmond Rostand
Cyrano de Bergerac - n°116

Marquis de Sade
Le président mystifié - n°97
Les infortunes de la vertu - n°172

George Sand
La mare au diable - n°78
La petite Fadette - n°205
Scènes gourmandes - n°286

William Shakespeare
Roméo et Juliette - n°9
Hamlet - n°54
Othello - n°108
Macbeth - n°178

Sophocle
Œdipe roi - n°30

Stendhal
L'abbesse de Castro - n°117
Le coffre et le revenant - n°221

Robert Louis Stevenson
Olalla des Montagnes - n°73
Le cas étrange du Dr Jekyll et de M. Hyde - n°113

Anton Tchekov
La dame au petit chien - n°142
La salle n°6 - n°189

Léon Tolstoï
Hadji Mourad - n°85
La mort d'Ivan Ilitch - n°287

Ivan Tourgueniev
Premier amour - n°17

Mark Twain
Trois mille ans chez les microbes - n°176

Vâtsyâyana
Kâma Sûtra - n°152

Bernard Vargaftig
La poésie des Romantiques - n°262

Paul Verlaine
Poèmes saturniens *suivi de* Fêtes galantes - n°62
Romances sans paroles - n°187
Poèmes érotiques - n°257
(*Pour lecteurs avertis*)

Jules Verne
Les cinq cents millions de la Bégum - n°52
Les forceurs de blocus - n°66
Le château des Carpathes - n°171
Les Indes noires - n°227

Voltaire
Candide - n°31
Zadig ou la Destinée - n°77
L'ingénu - n°180

Emile Zola
La mort d'Olivier Bécaille - n°42
Naïs - n°127
L'attaque du moulin - n°182

LITTÉRATURE

Richard Bach
Jonathan Livingston le goéland - n°2

René Barjavel
Béni soit l'atome - n°261

René Belletto
Le temps mort
- L'homme de main - n°19
- La vie rêvée - n°37

Pierre Benoit
Le soleil de minuit - n°60

Nina Berberova
L'accompagnatrice - n°198

Georges Bernanos
Un crime - n°194
Un mauvais rêve - n°247

Patrick Besson
Lettre à un ami perdu - n°218

André Beucler
Gueule d'amour - n°53

Calixthe Beyala
C'est le soleil qui m'a brûlée - n°165

Alphonse Boudard
Une bonne affaire - n°99
Outrage aux mœurs - n°136

Serge Brussolo
Soleil de soufre - n°291

Francis Carco
Rien qu'une femme - n°71

Muriel Cerf
Amérindiennes - n°95

Jean-Pierre Chabrol
Contes à mi-voix
- La soupe de la mamée - n°55
- La rencontre de Clotilde - n°63

Georges-Olivier Châteaureynaud
Le jardin dans l'île - n°144

Andrée Chedid
Le sixième jour - n°47
L'enfant multiple - n°107
Le sommeil délivré - n°153
L'autre - n° 203
L'artiste - n°281

Bernard Clavel
Tiennot - n°35
L'homme du Labrador - n°118
Contes et légendes du Bordelais - n°224

Jean Cocteau
Orphée - n°75

Colette
Le blé en herbe - n°7
La fin de Chéri - n°15
L'entrave - n°41

Raphaël Confiant
Chimères d'En-Ville - n°240

Pierre Dac
Dico franco-loufoque - n°128
Bons baisers de partout - 1 - n°275
Bons baisers de partout - 2 - n°292

Philippe Delern
L'envol - n°280

André Dhôtel
Le pays où l'on arrive jamais - n°276

Philippe Djian
Crocodiles - n°10

Les droits de l'homme
Anthologie présentée par Jean-Jacques Gandini - n°250

Richard Paul Evans
Le coffret de Noël - n°252

Frison-Roche
Premier de cordée, 2 vol. - n^os^148 et 149

Gulliver - 1 (revue) - Dire le monde - n°239
Gulliver - 2 (revue) - Musique ! - n°269
Gulliver - 3 (revue) - World Fiction - n°285

Khalil Gibran
Le Prophète - n°185

Albrecht Goes
Jusqu'à l'aube - n°140

Sacha Guitry
Bloompott - n°204

Frédérique Hébrard
Le mois de septembre - n°79

Eric Holder
On dirait une actrice - n°183

Michel Houellebecq
Rester vivant - n°274

Raymond Jean
La lectrice - n°157

Jean-Charles
La foire aux cancres - n°132

LIBRIO MUSIQUE

POLICIERS

John Buchan
Les 39 marches - n°96

Leslie Charteris
Le Saint
- Le Saint entre en scène - n°141
- Le policier fantôme - n°158
- En petites coupures - n°174
- Impôt sur le crime - n°195
- Par ici la monnaie ! - n°231

Arthur Conan Doyle
Sherlock Holmes
- La bande mouchetée - n°5
- Le rituel des Musgrave - n°34
- La cycliste solitaire - n°51
- Une étude en rouge - n°69
- Les six Napoléons - n°84
- Le chien des Baskerville - n°119
- Un scandale en Bohême - n°138
- Le signe des Quatre - n°162
- Le diadème de Béryls - n°202
- Le problème final - n°229
- Les hommes dansants - n°283

Ellery Queen
Le char de Phaéton - n°16
La course au trésor - n°80
La mort de Don Juan - n°228

Jean Ray
Harry Dickson
- Le châtiment des Foyle - n°38
- Les étoiles de la mort - n°56
- Le fauteuil 27 - n°72
- La terrible nuit du zoo - n°89
- Le temple de fer - n°115
- Le lit du diable - n°133
- L'étrange lueur verte - n°154
- La bande de l'Araignée - n°170
- Les Illustres Fils du Zodiaque - n°190
- L'île de la terreur - n°230

LIBRIO NOIR

Bill Ballinger
Version originale - n°244

James M. Cain
Le bébé dans le frigidaire - n°238

Didier Daeninckx
Autres lieux - n°91
Main courante - n°161
Le Poulpe/Nazis dans le métro - n°222
Les figurants - n°243

Gérard Delteil
Le Poulpe/Chili incarné - n°272

Pascal Dessaint
Le Poulpe/Les pis rennais - n°258

Frédéric H. Fajardie
Les Hauts-vents - n°289

Jean-Claude Izzo
Vivre fatigue - n°208

Thierry Jonquet
Le pauvre nouveau est arrivé ! - n°223

Méchante dose (La)
(Anthologie présentée par
Jacques Sadoul) - n°273

Daniel Picouly
Tête de nègre - n°209

Jean-Bernard Pouy
Le Poulpe/La petite écuyère a cafté - n°206

Hervé Prudon
Le Poulpe/Ouarzazate et mourir - n°288

Patrick Raynal
Le Poulpe/Arrêtez le carrelage - n°207

Jean-Jacques Reboux
Le Poulpe/La cerise sur le gâteux - n°237

François Thomazeau
Les aventures de Schram et Guigou/
Qui a tué M. Cul ? - n°259

LIBRIO CUISINE

Gilles Perez
La cuisine des maris - n°319

Catherine Valabrègue
La cuisine des gens pressés - n°320

Karine Bonjour
La cuisine des gourmandes - n°321

Franck Spengler
La cuisine des amants - n°322

Les sœurs Schwartzbrod
La cuisine des enfants - n°323

FANTASTIQUE - S.-F.

Isaac Asimov
La pierre parlante - n°129

Ray Bradbury
Celui qui attend - n°59

Jacques Cazotte
Le diable amoureux - n°20

Cent ans de Dracula (Les)
8 histoires de vampires - n°160

Arthur C. Clarke
Les neuf milliards de noms de Dieu - n°145

Contes fantastiques de Noël
Anthologie - n°197

Philip K. Dick
Les braconniers du cosmos - n°211

Dimension fantastique (La)
13 nouvelles fantastiques - n°150

Dimension fantastique 2 (La)
6 nouvelles fantastiques - n°234

Dimension fantastique 3 (La)
10 nouvelles fantastiques - n°271

Alexandre Dumas
La femme au collier de velours - n°58

Erckmann-Chatrian
Hugues-le-Loup - n°192

Claude Farrère
La maison des hommes vivants - n°92

Stephen King
Le singe - n°4
La ballade de la balle élastique - n°46
La ligne verte
- Deux petites filles mortes - n°100
- Mister Jingles - n°101
- Les mains de Caffey - n°102
- La mort affreuse d'Edouard Delacroix - n°103
- L'équipée nocturne - n°104
- Caffey sur la ligne - n°105
Danse macabre - 1 - n°193
Danse macabre - 2 - n°214
Danse macabre - 3 - n°233
Danse macabre - 4 - n°249

William Gibson
Fragments de rose en hologramme - n°215

Howard P. Lovecraft
Les Autres Dieux - n°68
La quête onirique de Kadath l'inconnue - n°188

Arthur Machen
Le grand dieu Pan - n°64

Terry Pratchett
Le Peuple du Tapis - n°268

Clifford D. Simak
Honorable adversaire - n°246

Dan Simmons
Le conseiller - n°260

Bram Stoker
L'enterrement des rats - n°125

Librio
Le livre à 10 F

321

Achevé d'imprimer en Europe
à Pössneck (Thuringe, Allemagne)
en septembre 1999 pour le compte de EJL
84, rue de Grenelle, 75007 Paris
Dépôt légal septembre 1999

Diffusion France et étranger : Flammarion